我&
优雅
ELEGANT HEART

生命中，
重要的并不是此刻发生了什么，
而是我们如何看待它们，
并从中收获什么。

爱商系列

妈妈家，
爸爸家

晏凌羊◎著　王静思◎绘

机械工业出版社
CHINA MACHINE PRESS

小豆丁和他的妈妈住在大海边的一个小木屋里。很多个夜晚，小豆丁都躺在妈妈的怀抱里，看着窗外撒满星星的天空，听着海浪的声音进入梦乡。

白天，小豆丁就跟小伙伴们一起去大海边游泳，各式各样漂亮的鱼在他身边游来游去，有的小鱼还会游过来亲他的小腿呢。

"哎呀，你现在被晒成黑豆丁了！"有一次，小豆丁刚从海边游泳回来，妈妈刮着他的小鼻子说。

"那明天爸爸来接我的时候，会不会不认识我了？"小豆丁问。

妈妈摸了摸小豆丁的头，微笑着说："不会。你就是变成黄豆丁、红豆丁、绿豆丁、蓝豆丁，爸爸也会认出你来的！"

"蓝豆丁？好好笑啊！"小豆丁咯咯咯地笑个不停。

3

小豆丁的爸爸住在茂密的森林里。

每个周末，爸爸都会赶着马车来接小豆丁去森林里玩。

森林里，有各式各样的小动物，还有溪流和瀑布。

小豆丁的爸爸在一棵很老的樱花树上搭建了一个小木屋，爸爸就住在这里。每次推开小木屋的窗户，山风都会把小豆丁头发吹起来，还能听到小鸟歌唱的声音。

森林里，还有很多小伙伴喜欢跟小豆丁一起玩耍。大家一起捡榛子、采蘑菇、玩捉迷藏，别提有多开心了。

小豆丁喜欢跟妈妈住在一起，也喜欢去爸爸家。爸爸妈妈虽然不住在一起，但是都很爱他，一见到他就抱着他亲个不停。

　　只是，小豆丁也有很难过的时候。

　　比如，每逢过新年，小伙伴们都回家了。小伙伴们和爸爸妈妈围坐在温暖的炉火边，一起吃饭、玩游戏、唱歌跳舞。只有他一个人的爸爸妈妈住在两个地方，各自生起炉火庆贺新年。

　　每到过新年，小豆丁都很烦恼，因为他既想和妈妈在一起，也想和爸爸在一起。

这一年的新年，天气特别冷。

　　海水太冷了，小豆丁不能再下海游泳，小鱼儿也游到温暖的地方去了。

　　森林里比海边更冷，因为那里下了一场厚厚的雪，所有的小动物都躲回了家里。森林里的树木、房子像是被盖上了一床又厚又白的大棉被，道路也被大雪遮盖住了。

新年一过，小豆丁就翘首以盼，等着爸爸来接他。
但他一连等了两天，爸爸都没来。

等到第三天晚上，爸爸还是没来。小豆丁满心失
望地枕着妈妈的胳膊，听着海浪声进入了梦乡。

　　睡到半夜，小豆丁忽然听到一阵呼救声："救命啊，救命！"

　　小豆丁揉了揉眼睛，坐了起来，他想："是谁在呼救呢？"

　　看到妈妈睡得正香，小豆丁蹑手蹑脚地爬起来，顺着呼救声走到小木屋外，来到了大海边。

在皎洁的月光下，小豆丁看到一条蓝色的大鱼被渔网缠住了。小豆丁说："大鱼，你别怕，我来救你了。"

小豆丁跳进冰冷的海水里，把缠在大蓝鱼尾巴上的渔网拉开。

那条鱼可真大啊！比帮爸爸拉车的小红马还要大。

　　接着，奇妙的事情发生了，大蓝鱼居然张开翅膀飞了起来，而且他的翅膀是透明的！

　　原来，它是一只会飞的鱼！

　　小豆丁从来没见过会飞的鱼，惊讶得张大了嘴巴："天哪，太神奇了！"

　　大飞鱼说："感谢你救了我。"

　　小豆丁疑惑不解地说："你是一条鱼，可你为什么会飞呢？"

大飞鱼说："想知道答案吗？快骑到我背上来，我带你去寻找答案。不过你要答应我，这是我们俩之间的秘密，不能告诉任何人哦，包括你的爸爸妈妈。"

小豆丁点了点头。

大飞鱼说："快抓紧时间，天亮之前我会把你送回家！"

小豆丁刚骑到大飞鱼背上，大飞鱼就张开翅膀飞了起来。

他带着小豆丁越飞越高，都快飞到月亮上去啦。

　　大飞鱼带着小豆丁飞过雪山、飞过河流、飞过湖泊。

　　不知道过了多久，大飞鱼飞到了一片大森林里，在一棵大榕树下停了下来。

　　小豆丁抬头一看，发现那棵树好大啊。大树上每一片叶子都像小船一样大，树干粗得几百个小朋友也抱不过来，从树上垂下来的一根树须都比爸爸家那棵樱花树的树干还要粗。

　　大飞鱼骄傲地说："这里就是我爸爸的家。"

　　正说着，一只蓝色的大鸟从树上飞了下来，伸出硕大的翅膀拥抱了一下大飞鱼，然后和蔼地说："我的孩子，你又交新朋友啦！"

　　大飞鱼绘声绘色地跟蓝鸟爸爸讲了自己是怎么遇到小豆丁的，小豆丁又是怎么救了他的。蓝鸟爸爸听了，非常感动，从身上拔下一支美丽的羽毛送给了小豆丁。

大飞鱼说："小豆丁，你快骑到
我背上来，我带你去见我的妈妈。"

小豆丁和大飞鱼告别了蓝鸟爸爸，
又往天空中飞去。它们飞过沙漠、飞
过森林、飞过山川，飞到了热带海洋
的上空。

大飞鱼说："抓紧哦，我们现在开始要游泳啦！"

刚说完，小豆丁和大飞鱼的身体都已经来到了温暖的海水中，他们身边有各式各样美丽的鱼儿游来游去。

忽然，海底传来一个声音："孩子，你又长大啦！"

大飞鱼兴奋地说："是我妈妈！"

小豆丁顺着大飞鱼的目光看过去，一条透明的大鱼朝他们游了过来。

那条大鱼浑身透明，只有两只眼睛是黑色的，眼睛有小木屋的窗户那么大。

大飞鱼见到大鱼妈妈，亲昵地绕着妈妈旋转了几圈。

大飞鱼跟大鱼妈妈讲述了自己和小豆丁如何认识的故事。大鱼妈妈听了，非常感激小豆丁救了大飞鱼，从身上拔下一片晶莹剔透的鱼鳞送给了小豆丁。

大飞鱼说："小豆丁，天快要亮了，我该把你送回去啦，你快骑到我背上来！"

小豆丁和大飞鱼告别了大鱼妈妈，一路游回到了大海边。小豆丁一浮出水面，就看到他和妈妈住的小木屋。他兴奋地跳到岸上，拍手大叫："好神奇哦！我到家啦！"

忽然，小豆丁停了下来。他像是明白了什么似的，兴奋地跟大飞鱼说："大飞鱼，我知道你为什么既会游泳又会飞了！"

小豆丁说："你爸爸是只蓝色的大鸟，住在森林里，他会教你飞翔；你妈妈是只透明的大鱼，住在大海里，她会教你游泳。对不对？"

大飞鱼说："对啊。你真聪明！"

小豆丁继续问："那你希望你的爸爸妈妈住在一起吗？特别是过新年的时候。"

　　大飞鱼说："不会啊。"

　　小豆丁问："为什么？"

　　大飞鱼说："我的蓝鸟爸爸喜欢飞翔，他只有住在森林里才最开心；我的大鱼妈妈喜欢游泳，她只有住在大海里才最快乐。蓝鸟爸爸不会游泳，住到海里他会很难过；大鱼妈妈不会飞翔，住到森林里她会生病。"

大飞鱼又说："爸爸妈妈很爱我，我也很爱爸爸妈妈，所以，我不想爸爸难过，也不想妈妈生病。现在，我的蓝鸟爸爸、大鱼妈妈各自都过得很开心。而我，既会游泳又会飞，既可以住在大海里和大鱼妈妈嬉戏，又可以经常飞去森林里找蓝鸟爸爸玩，也很快乐啊。"

小豆丁听完，认真地说："大飞鱼，谢谢你，我明白了。"

月亮一点点落了下去，太阳快要升起来了，大飞鱼也要回家了。

大飞鱼依依不舍地对小豆丁说："小豆丁，谢谢你救了我。天快亮了，我要回家了，你也快点回家吧！"

小豆丁上前拥抱了一下大飞鱼："大飞鱼，也谢谢你把这么重要的秘密告诉我。"

大飞鱼一转身就游进了大海深处，海面上泛起一阵涟漪，随后消失不见了。

小豆丁轻手轻脚地回到家，爬回到了床上。他看到妈妈还在熟睡，于是也闭上眼睛，很快就进入了梦乡。

太阳出来了，新的一天又开始了！

小豆丁醒来的时候，妈妈也醒了。

妈妈看到小豆丁的枕头上放了一根长长的、美丽的羽毛和一片大大的、晶莹剔透的鱼鳞，很惊奇地问："哇！好漂亮的羽毛和鱼鳞啊！是谁送的呢？"

小豆丁挤了挤眼睛说："这是我的秘密！"
妈妈刮了刮小豆丁的鼻子说："你都有秘密啦？
看来，我们家小豆丁长大，变成大豆丁啦！"

天气一天天暖和了起来，海水变暖了，森林里的积雪也慢慢地融化了。

这天，小豆丁在海边捡贝壳，忽然听到一阵马蹄声。转头一看，是爸爸赶着马车过来接他了。

原来，森林里下大雪的时候，爸爸的马车被大雪困住了，路也被大雪覆盖住了，爸爸被困在森林里出不来，所以现在才来接小豆丁。

爸爸连声向小豆丁道歉，然后问他："这个新年，过得开心吗？"

小豆丁说："开心呀。我希望爸爸妈妈也都过得很开心。"

小豆丁告别了妈妈，跟着爸爸坐上
马车，向春暖花开的森林里走去。

马车上，放着小豆丁从海滩边捡来的贝壳。他想把这些美丽的贝壳作为新年礼物，送给住在森林里的小伙伴们。

　　他有很多故事想跟森林里的小伙伴们分享，但是，关于美丽的长羽毛和透明的大鱼鳞的秘密，他是永远不会跟别的小伙伴们说的，因为那是属于他和大飞鱼的秘密呀。

后 记

　　我是一个单亲妈妈，也是一个出版了三四本书的写作者。为单亲孩子们写一个绘本故事，是我一直以来的梦想。

　　写这个故事，我只用了一夜。从草拟提纲、构思、撰写初稿到修改、润色、定稿，一气呵成，如有神助。故事凌晨五点成稿，比完成一部中篇小说还让我感到开心。写故事三分靠"妙手"，七分靠"天成"，这故事其实我已经酝酿了很久，只缺一个机会让它从笔尖流淌出来。

　　我和前夫离婚的时候，女儿还不满一岁。从她会说话开始，我就陪她看各式各样的绘本，几年看了不下几百本，其中也包括一些单亲主题的绘本，但我一直没遇到一个满意的故事。有时候，她也会问一些这样的问题："为什么别人的爸爸妈妈都住在一起，而我的爸爸妈妈住在两个不同的地方？"当她开始交朋友以后，也有小朋友会问她："为什么你的这个家里没有爸爸？"

　　我一直想用孩子能听懂的语言、逻辑来跟孩子解释好这个问题，最常讲的是这

样一个故事："小鱼住在水里，它最喜欢游泳；小鸟住在树林里，它最喜欢飞翔。如果让他们住到对方的家里去会怎样呀？是的，小鱼住到树上，可能会渴死；小鸟住到水里，可能会被淹死。小鸟和小鱼可能会在池塘边相遇，然后变成好朋友，但他们不一定能成为长久的好朋友。因为小鸟最喜欢和鸟伙伴们一起在森林里飞来飞去，而小鱼也最喜欢和鱼伙伴们一起在水里游来游去。只有回到自己的小天地中，小鸟和小鱼各自才很开心。爸爸妈妈也一样，也是要住在自己喜欢住的地方、和喜欢的人在一起才开心。"

讲这个故事的过程中，女儿会跟我提出很多问题，于是，这故事越讲越长，越讲越奇幻，越讲越对她、对我产生新的启发，所以就有了你们所看到的这个稍显奇幻的故事。与其说它是一个童话，不如说它是一则寓言，一则既属于孩子也属于离异父母的精神寓言。它不仅适合单亲家庭读，也适合所有不知道如何看待单亲家庭的人们读一读。

对孩子而言，父母离婚当然是一件不幸的事，但它对孩子会造成怎样的影响，最终取决于我们对这些不幸的解释和应对方式，而不取决于不幸本身。

像这个故事中的大飞鱼一样，他的父母也不住在一起，但他能淡然接受自己的命运，并能以积极的方式去看待命运给予自己的一切，不仅在海里跟着妈妈学会了游泳，还在森林里跟着爸爸学会了飞翔。也许，这世界上会有一些爸爸或妈妈在遭遇婚变后对孩子完全不管不顾，那可能是因为他们内心里没有阳光，通往他们内心的路被大雪覆盖、被寒冰封冻住了吧。

　　环顾四周，我们不难发现，无论哪个家庭，都有它不易道出的难处，"家家有本难念的经"并非是一句虚言。真要放大了看，每个家庭都不完美，都有让人糟心的问题。

　　单亲家庭只是万千种家庭模式的其中一种，并不显得很特殊。

　　换言之，有缺憾的人生才是真实的人生，才是人生正常的状态。不管我们多么努力，不论我们做了多少精细的准备，总是有不尽的缺憾与我们相伴，所以，真的没必要为了有些缺憾而怨天尤人。

　　原生家庭可能会对我们产生影响，但决定不了我们的一生。我们会成长为怎样的一个人更大程度上取决于自己，而不是取决于出身。

　　面对离婚对孩子的影响，单亲父母也大可不必过分焦虑。很多事情，我们自己能云

淡风轻了，孩子也会跟着泰然处之；我们自己很在意，孩子也会跟着在意，并且放大这种缺失。那些天天把"单亲"标签贴脑门儿上的孩子，很大可能上是跟他们生活在一起的大人刻意强调这种缺失而导致的。过分夸大"单亲"对孩子的坏处，会让孩子带着"被伤害感""被亏欠感""被辜负感"过一辈子；过度干预和控制孩子的成长，很容易陷入"爱之过甚，担心过度"的泥潭。你放轻松点，不把它当回事，孩子自然也就不会觉得这算是个什么事。

也正因为如此，我常常觉得，单亲父母是不是应该树立这样一种育儿观念：不搞特殊化，不对孩子做过度的补偿，也没必要对孩子过度严苛，尊重孩子的内在成长规律，让他们像一棵植物一般自然健康地成长。

最后，愿每一个单亲宝宝都能健康茁壮地成长，愿我们都能被这世界温柔相待。

逗号妈妈：晏凌羊

2017 年冬

【完】

图书在版编目（CIP）数据

妈妈家，爸爸家 / 晏凌羊著；王静思绘. — 北京：
机械工业出版社，2018.4（2024.12重印）
ISBN 978-7-111-59449-9

Ⅰ.①妈… Ⅱ.①晏… ②王… Ⅲ.①单亲家庭 –
家庭教育 Ⅳ.①G78

中国版本图书馆 CIP 数据核字（2018）第051960号

机械工业出版社（北京市百万庄大街22号　邮政编码100037）
策划编辑：姚越华　张清宇　　责任编辑：姚越华　张清宇
封面设计：吕凤英　　　　　　责任校对：王明欣
责任印制：张　博
北京联兴盛业印刷股份有限公司印刷

2024年12月第1版·第10次印刷
210mm×240mm·2.5印张·2插页·32千字
标准书号：ISBN 978-7-111-59449-9
定价：48.00元